NOTICE

SUR

M. J. A. ARTRU

CURÉ DE SAINT-DENIS

A LA CROIX-ROUSSE

Beati mites...
Beati pacifici...
Bienheureux ceux qui sont doux !
Bienheureux les pacifiques !

LYON

P. N. JOSSERAND, LIBRAIRE-ÉDITEUR

3, PLACE BELLECOUR

1875

PAROISSIENS DE SAINT-DENIS

Ces quelques pages vous sont dédiées sous la protection de celui dont elles désirent faire vivre le souvenir. Mieux qu'aucune parole, mieux que la meilleure plume, vos cœurs peuvent redire la vie de M. Artru et raconter les vertus du bon curé de la Croix-Rousse. Le respect, l'affection, la reconnaissance doivent seuls parler ici. A vous donc, Paroissiens de Saint-Denis, à vous la première et la dernière pensée de ce témoignage d'affection filiale déposé sur la tombe d'un père bien-aimé.

L. J. C.

NOTICE

SUR

M. J. A. ARTRU

CURÉ DE SAINT-DENIS

A LA CROIX-ROUSSE

Beati mites...
Beati pacifici...
Bienheureux ceux qui sont doux !
Bienheureux les pacifiques !

LYON

P. N. JOSSERAND, LIBRAIRE-ÉDITEUR

3, PLACE BELLECOUR

—

1875

NOTICE

SUR

M. J. A. ARTRU

CURÉ DE SAINT-DENIS

A LA CROIX-ROUSSE

M. Artru naquit à Lyon, rue Vaubecour, le 6 mars 1803. Il reçut au baptême les noms de Jean-Antoine. La paroisse d'Ainay lui donna, avec la vie spirituelle, les premières impressions religieuses dont l'empreinte resta profondément gravée dans son âme. On ne tarda guère, autour de l'enfant et plus tard autour du jeune homme, à concevoir des espérances que Dieu devait réaliser à son heure. M. Artru, pendant de longues années, suivit la voie commune.

Les survivants de son âge ont conservé le souvenir de sa gravité précoce, de son ardeur pour l'étude, et surtout de sa bonté inaltérable. Dans sa jeunesse, il manifesta des dispositions pour le dessin et sembla diriger sa carrière du côté des beaux-arts. Dieu l'appelait à des destinées plus hautes et lui réservait des conquêtes meilleures dans les régions du beau et du bien.

Chrétien fervent, on le voyait tous les matins à la première messe de sa paroisse ; dévoué serviteur de Marie, il gravissait souvent le chemin de Notre-Dame de Fourvière. Et pourtant ce jeune homme doux et sérieux, pieux et travailleur, ne parvenait pas à cacher aux regards inquiets de ses parents un secret intime, un nuage de tristesse et de désirs pénibles. Autour de lui, on s'alarmait : Quelles pensées s'agitaient dans son esprit? Quels horizons s'ouvraient devant ses yeux rêveurs? Pressé par son père, le jeune homme osa enfin manifester le sujet de sa peine. « Je voudrais être prêtre, je sens que c'est ma vocation. » Ce mot décisif, il le dit en tremblant; le sacerdoce l'attirait, la voix d'en Haut l'appelait : Quelle allait être la sentence de son père? Déjà les études précédentes avaient imposé de lourdes charges à la famille : la profession de boulanger qu'exerçaient ses parents n'était pas assez lucrative, il ne l'ignorait pas, pour permettre une augmentation de dépenses; M. Artru avait mille raisons d'appréhender la décision et de reculer le moment où il faudrait enfin obéir à l'appel de Dieu. Son père fut assez chrétien pour accepter cette nouvelle responsabilité et les sacrifices qui l'accompagnaient. La main de Dieu était trop visible sur son fils pour qu'il hésitât un seul instant.

Voilà M. Artru sur le chemin du sacerdoce. Un maître pour lequel il garda toute sa vie un profond respect et une tendre vénération, M. Dérozier, alors vicaire d'Ainay, l'avait soutenu et encouragé dans cette transition de la vie du monde à la vie du séminaire. Lorsqu'il entra à l'Argentière, M. Artru avait dix-huit ans. Les qualités du jeune homme devinrent vite les vertus sacerdotales. Au petit séminaire, il fut un élève modèle par l'austérité de sa vie, par son application à l'étude, par son zèle, sa fidélité à la règle et son respect de l'autorité.

Le souvenir de l'Argentière ne s'effaça jamais de sa mémoire; il en parlait avec tendresse et bonheur. C'était l'aurore de sa vocation; le matin n'est-il pas l'heure la meilleure de la journée, l'heure du courage, l'heure de l'espérance? Pourtant sur la fin de ses études, de grandes épreuves vinrent fondre sur lui : il ne faut pas les passer sous silence; elles montrent comment Dieu façonne les âmes, par quels moyens il prépare ses instruments et les rend souples entre ses mains. Le séminariste fervent et studieux, admiré par ses maîtres et ses condisciples, portait au fond de sa conscience des inquiétudes qui le torturaient. Tantôt il craignait de ne pas être dans sa vocation, tantôt il appréhendait de ne pas correspondre à la grâce de Dieu; agitée par ces pensées et mille autres du même genre, son âme subissait un cruel martyre. Ces peines intérieures, ajoutées à un travail excessif, altérèrent profondément sa santé ; il se vit forcé d'interrompre ses études pendant une année. L'air de Charly, où sa famille était fixée depuis plusieurs années, rétablit ses forces et lui permit de compléter à Alix sa préparation sacerdotale.

Au grand séminaire, M. Artru marque encore davantage la trace lumineuse que nous venons de suivre. Vrai *patriarche*, homme du devoir, rivé à la règle, faisant de la prière, de l'obéissance, de l'étude, sa vie tout entière ; sa vocation se dessine nettement. La voix d'en Haut, qui jadis le poussait vers le sanctuaire, se fait entendre à ses oreilles par des bouches vénérées, celles de M. Baudry, de M. Faillon, de Mgr de Charbonnel, noms qui revenaient souvent dans ses entretiens et toujours avec l'expression d'une vénération filiale.

Le souvenir et l'estime étaient réciproques. Plus de quarante ans après avoir quitté le séminaire de Lyon, M. Faillon, devant passer une journée dans notre ville, se faisait ménager une entrevue avec son ancien élève. C'est après cette journée que le bon curé répétait avec l'accent et la tendresse d'un saint, une parole recueillie de la bouche de son maître : « Que nous sommes heureux d'avoir l'Eucharistie et Marie, nous prêtres surtout, c'est tout notre bonheur, toute notre vie. » Et naguère Mgr de Charbonnel, apprenant la mort du curé de la Croix-Rousse, laissait échapper ce cri du cœur. « C'est une perte pour Lyon, pour le diocèse, pour l'Église. M. Artru était un bon ouvrier du Seigneur. » La mémoire de M. Baudry était chère à M. Artru. Les souvenirs et les principes de son séminaire étaient intimement liés à ce directeur vénéré dont le nom et les œuvres restent bénis par tous les prêtres qui ont eu le bonheur de recevoir ses enseignements.

M. Artru fut ordonné prêtre en 1830. Il était donc dans la maturité de l'âge, prêt à faire l'œuvre du Seigneur. Dans sa conscience, il s'était opéré un travail douloureux de préparation qui indiquait une voie spéciale où le conduisait la Providence. Le directeur qui l'envoya au sacerdoce sut reconnaître la main de Dieu éprouvant l'homme de son cœur. Timoré et délicat pour lui-même jusqu'au scrupule, M. Artru devait être condescendant et large pour les autres autant que la miséricorde divine.

La paroisse de Saint-André, à Tarare, eut les prémices de son ministère. Ce fut la première fleur et le premier fruit de sa vie de prêtre. Comme il était heureux de rappeler les journées de labeur où sa soif de dévouement trouva enfin une libre expansion : ses courses auprès des malades, ses séances au confessionnal, ses prônes, ses sermons. A ces réminiscences d'un passé sans nuages, en vérité, il rajeunissait. L'affection si fraîche et si vivace que le curé de la Croix-Rousse, surchargé de besogne, cultivait religieusement au fond de son cœur pour la paroisse de ses débuts, cette affection lui est amplement rendue. Les années écoulées ont laissé intacte la mémoire de M. Artru dans les cœurs des habitants de Tarare; le nom du vicaire de 1830 est encore connu, honoré et aimé au sein de cette population reconnaissante. M. Giraud, curé de Saint-André de Tarare, disant au départ de M. Artru : « Nous perdons un saint, un vrai saint jusqu'à la moelle des os, » exprimait tout haut ce que chacun pensait tout bas.

M. Artru fut appelé à Saint-Nizier en 1838 par M. Menaide, son ancien curé de Tarare. Dans ce vicariat, il affirma encore davantage son amour du devoir et de la régularité : il montra mieux cette bonté, cette égalité de caractère qui lui avaient déjà conquis des affections si vives et une estime si vraie. Toujours modeste, toujours fidèle aux principes de douceur et de paix sur lesquels il avait fondé sa vie, il poursuivait sa route, préoccupé d'une seule chose ; faire son devoir : ce qu'il exprimait humblement par ces mots : « Il faut faire tout ce que l'on peut, le bon Dieu ne demande pas davantage. » Saint prêtre, il croyait vite à la limite des forces humaines chez les autres et pour lui-même, il ne voyait pas souvent de repos ni d'arrêt ; il voulait toujours pouvoir davantage.

En 1846, M. Artru fut nommé curé à Saint-Cyr au Mont-d'Or. Sept années passées au sein de cette paroisse continuent cette moisson de sympathies qu'il est déjà habitué à recueillir sous ses pas. Un mot qui peint admirablement le futur curé de la Croix-Rousse : « Ce curé, disait un paysan, on ne peut le saluer le premier, il prévient toujours. » Saint-Cyr a su apprécier M. Artru; il lui a donné la paix, l'honneur et l'estime. Là se préparaient les vingt-deux années qui couronnent cette belle vie de prêtre. Tarare, Saint-Nizier, Saint-Cyr sont trois rayons précurseurs de l'auréole qui entoure le front du vénérable curé de la Croix-Rousse.

Il est juste de rappeler ici la mémoire de M. Nicod, qui, lui aussi, resta plus de vingt ans à la tête de la paroisse de Saint-Denis. Homme d'autorité et d'étude, de règle et d'austérité, M. Nicod avait su maintenir et faire croître dans des temps troublés et au milieu d'une population en voie de se former, une famille de chrétiens, vrai centre de la vie religieuse à la Croix-Rousse. Les associations, les confréries, les instructions, œuvres vitales de la foi et de la piété, avaient reçu de lui l'impulsion et la persévérance ; elles furent le point autour duquel ne tardèrent pas à se grouper les éléments d'une grande famille paroissiale. Entre les mains de M. Artru et par l'action providentielle de la miséricorde divine, la population tout entière devait recevoir les trésors de la foi et ouvrir son cœur aux espérances de la religion.

M. Artru vint armé d'une force irrésistible, de cette force surnaturelle à laquelle Dieu a fait des promesses sacrées : force qui désarme toutes les colères, renverse tous les obstacles, brise tous les fers ; il vint revêtu de douceur et de bonté. « Bienheureux, a dit le Sauveur, ceux qui sont doux, parce qu'ils posséderont la terre. » Doux sans faiblesse, miséricordieux sans mesure, pacifique sans illusions, M. Artru s'était fait un rempart inexpugnable de la paix et de la mansuétude. « A chaque instant de ma vie, disait-il naguère, j'ai tout sacrifié pour la paix et l'union ; je ne cesserai pas aujourd'hui. » Image vivante du divin Sauveur, preuve palpable de ce que peuvent la religion et ses œuvres, voilà l'Envoyé du Seigneur ! l'Élu de Dieu pour la Croix-Rousse ! Le 1ᵉʳ mai de l'année 1853, M. Menaide vint présider l'installation de son ancien vicaire. Ce fut un jour de fête ; la suite ne démentit pas les présages de cette belle journée. Au confessionnal, en chaire, aux fonts baptismaux, à l'autel, M. Artru s'installa dans toute l'étendue et dans toute la vérité de ses fonctions. Pour preuve qu'il était le curé et le père de toutes les âmes, il annonça une visite pastorale, c'est-à-dire une visite à toutes les familles ; le bon pasteur se proposait de frapper à toutes les portes de sa paroisse. Une population de dix-huit mille âmes, des paroissiens, hélas ! en trop grand nombre peu habitués à fréquenter l'église : entreprendre cette visite, c'était de l'audace et même de la témérité humainement parlant : Dieu, par sa grâce, en fit une victoire.

La surprise fut grande à la Croix-Rousse lorsque l'on connut la détermination du nouveau curé. On a beau se tenir au-dessus des préjugés et des entraînements du vulgaire, on sait encore un peu ce qui se dit et se fait dans la paroisse. Au bout de quelques jours, tout le monde put se convaincre que les promesses de M. Artru n'étaient pas de vaines formules. Rien ne l'arrêtait, rien ne l'effrayait ; les escaliers à gravir. les étages à parcourir ; chose insignifiante : les indifférences à réduire, et peut-être quelques oppositions à désarmer ne l'étonnaient pas davantage. Il garda toute sa vie le secret de ses impressions à cette époque. Dieu seul sait ce qu'il dépensa de vertu et d'héroïsme, Dieu seul peut le récompenser.

Cette visite pastorale fut une conquête. Le pêcheur avait jeté ses filets, Dieu devait l'aider à les retirer. On parla beaucoup entre Croix-Roussiens de cet acte mémorable à tant de titres. Au magasin, au marché, au café même et généralement dans tous les endroits où l'on se rencontre et où l'on peut causer, il fut question du curé qui voulait connaître toutes les âmes confiées à ses soins.

Cette ambition n'était pas au-dessus des forces de M. Artru. Sa mémoire prodigieuse, aidée par des efforts continus, suffit à la tâche. Les numéros des allées lui étaient familiers, porte à droite, porte à gauche, en face, au fond du corridor ; escalier tournant, escalier de bois ; ces détails ne l'embarrassaient pas un seul instant. Au besoin, il rectifiait les adresses, peut-être il eût pu sans trop de peine dresser l'arbre généalogique d'un grand nombre de familles. Dans les premiers temps, on était dans la stupéfaction devant la sûreté et l'étendue de ses renseignements. Le pasteur voulait connaître ses brebis pour les aimer davantage et pour les mieux conduire à Dieu.

Rien de touchant comme le bon curé, accostant une mère de famille au milieu de la rue, s'informant du prix des denrées, du chômage, de la santé des enfants : son bonjour était si affable, son sourire si vrai ; sous son regard perçant, vif et rapide, il y avait tant de charmes ! Les casquettes, les chapeaux tombaient d'eux-mêmes, les visages s'épanouissaient sans peine. C'était un père avec ses enfants.

Qu'il vînt à rentrer au presbytère à l'heure de la sortie des classes ; on assistait à un échange de saluts, de sourires, de paroles charmantes sur les bons points, sur les récompenses de la journée. Plus d'une fois les petits garçons, préludant aux priviléges d'un âge plus avancé, venaient toucher cette main paternelle qui les caressait toujours. Actes très-simples, très-ordinaires, la bonne grâce de M. Artru les rendait précieux, sa dignité les faisait respecter, sa bonté permettait de les rechercher. Tout chez lui allait au devant

des cœurs ; le sourire et le geste, les yeux et les lèvres s'harmoni-
saient pour conquérir les sympathies.

Cette physionomie au dehors s'accentuait encore dans l'intimité.
Ceux qui le connurent de près savent quelle flamme consumait son
cœur, quelle lumière éclairait son intelligence, quelles ardeurs sou-
tenaient et dirigeaient sa volonté. Le bien, le devoir, l'amour de Dieu
voilà sa vie. Il lui arrivait parfois, même en public, de livrer le secret de ses pensées. En traitant certains sujets, il s'oubliait et donnait cette fleur cachée que sa modestie eût voulu réserver aux regards de Dieu. Il ne faut pas essayer de redire cet accent de
conviction et cette force de persuasion, vrai signe de l'éloquence qui
coulait alors avec sa parole et subjuguait toutes les âmes.

En chaire, M. Artru conservait admirablement cette physionomie
paternelle, mélange d'autorité et de patience, qui forme le trait dis-
tinctif de sa personnalité.

Les paroissiens de Saint-Denis se souviendront longtemps d'une
exhortation qui revenait sans cesse dans ses prônes. « Mes frères,
disait-il, pour se sauver, ce n'est pas trop difficile : bien faire sa
prière tous les jours, offrir ses peines au bon Dieu, aller à la messe,
le dimanche, et puis on vient se confesser de temps en temps, on demande au bon Jésus le courage et la force de bien faire, Dieu n'exige
pas autre chose. » Ce qu'il avait à cœur encore, c'était d'utiliser les
labeurs, les souffrances de tant d'ouvriers qui dissipent des mérites
immenses d'une vie de travail et de fatigues, sans penser à Dieu. Il
insistait avec passion sur la nécessité de semer pour l'éternité. Rien
ne lui était plus pénible que d'entendre battre un métier le dimanche.
Il sut, à force d'exhortations, de redites et d'insistances, obtenir un
résultat visible en faveur du repos dominical. Lorsque les beaux
jours sollicitaient les ouvriers aux promenades, aux délassements
permis du dimanche, avec quelles précautions, avec quelle sollicitude il indiquait les moyens à prendre pour ne pas manquer la messe,
pour sanctifier ce grand jour et jouir chrétiennement du repos ac-
cordé par le bon Dieu.

Sous la conduite de M. Artru, la paroisse de Saint-Denis devint
une vraie famille. Les pâques étaient le jour de la réunion, quelles
joies, quelle allégresse elles donnèrent au bon pasteur ! Les hommes,
ses chers hommes, comme il les appelait, il les vit souvent remplir
l'église de Saint-Denis.

Il eut, cette année même à la fin du carême, la consolation de voir un grand nombre de ses paroissiens s'approcher de la table sainte ; son bonheur fut profond et comme un présage de celui auquel Dieu l'appelait. « Il faudrait, disait-il, bien faire son jubilé et puis mourir. » Son désir, hélas ! a été trop exaucé.

Ce père de famille pouvait avoir des prédilections et des préférences ; il le prouva aux pauvres et aux malades. Chaque matin, avant et après sa messe, qu'il disait à huit heures, de longues files de solliciteurs et de solliciteuses se pressaient à la sacristie. C'était merveille de voir la patience et la longanimité du bon curé. Les demandes étaient aussi vite accueillies que présentées ; rarement les pauvres se retiraient sans avoir reçu quelque aumône. Si parfois il fallait écarter quelques importunités trop évidentes ou des paresses cachées sous le voile de la mendicité, M. Artru essayait de prendre un visage et des paroles sévères, vains efforts ; il donnait encore : « Peut-être sont-ils dans le besoin, disait-il, je ne veux pas les renvoyer sans quelque secours. » Ah ! cher curé, vous ne pouviez jamais résister à l'impulsion de votre cœur. Ces pauvres vous connaissaient bien, et lorsque vous leur adressiez une réprimande, ils savaient qu'au même moment vons mettiez la main à la poche pour eux. Votre porte-monnaie sans fermoir n'est-il pas un témoin du besoin que vous éprouviez de répandre les bienfaits de votre charité?

A l'approche de l'hiver, surtout si la saison s'annonçait rigoureuse, et dans les temps de chômage, M. le curé de la Croix-Rousse était visiblement inquiet. Ses pauvres le préoccupaient plus que lui-même. N'était-il pas identifié avec eux ? Il y a peu d'années, il renvoya de plusieurs semaines une visite à sa famille. parce qu'il n'avait pas la somme nécessaire pour payer le chemin de fer jusqu'à Vernaison. Toute la ville connaît son désintéressement. Lorsqu'il lui arrivait quelque secours pour ses pauvres, il ne dissimulait pas sa joie, et s'il lui était possible, action plus personnelle et plus méritoire, de réaliser quelques économies en leur faveur, son contentement n'avait plus de bornes. Plusieurs fois. à l'occasion de sa fête et dans d'autres circonstances analogues, on sut lui faire des cadeaux qui atteignaient ses pauvres, ses privilégiés, vrais cadeaux qui mettaient la joie dans son cœur paternel. Il fallait bien le connaître pour oser lui offrir des souliers, une soutane, un parapluie, un chapeau, etc.

Par quels prodiges se soutinrent les libéralités du curé de la Croix-Rousse! c'est le secret de Dieu et des âmes généreuses qui faisaient passer leur superflu par ses mains. L'abondance n'a jamais régné dans la bourse du bon curé. A différentes époques, il fut obligé de recourir à des emprunts ou de les accepter, souci énorme, embarras considérable qu'il ne parvenait pas à cacher à l'œil de ses familiers. Toujours modeste et profondément humble, une bonne action l'embarrassait lorsqu'elle était trop apparente.

Les pauvres absorbaient toutes les ressources pécuniaires de M. Artru. Son testament témoigne de la profondeur et de la vérité de sa charité. Un père se doit tout entier à sa famille, c'est ainsi que le bon curé de la Croix-Rousse avait compris son ministère en arrivant dans la paroisse de Saint-Denis.

Le sacrifice qui dut lui coûter davantage à lui, si amoureux de l'étude, si désireux de la tranquillité, fut celui de son temps. La seule chose dont il soit permis d'être avare, il la prodiguait au service de ses paroissiens. Les malades en eurent une grande partie, c'était leur droit; M. Artru n'hésita pas à s'en faire un devoir rigoureux. Combien de fois, et le jour et la nuit, Dieu seul le sait, le curé fut appelé auprès des malades. Pas une plainte ne sortait de sa bouche, pas un seul mot qui pût faire remarquer ce dévouement patient et sans cesse renouvelé. Au milieu des occupations les plus importantes, on venait l'avertir qu'une âme avait besoin de son ministère; on voyait sa pensée et son cœur monter vers Dieu, et le bon pasteur partait où l'appelait le devoir. Le travail, il ne le refusait jamais; sur son lit de mort, ne recevait-il pas encore les jeunes enfants de la première communion? Les anges de Dieu, qui comptaient les pas des solitaires du désert, ont aussi compté les pas du saint curé le long des rues et des escaliers de la Croix-Rousse. Ce dévouement obscur, ces labeurs de tous les jours, cet héroïsme sans fin, n'est-ce pas le véritable esprit de Jésus-Christ?

Le ministère le plus conforme au goût de M. Artru et qui consuma le plus les forces de sa vie fut le ministère de la confession. Chaque jour, il passait de longues heures au tribunal de la pénitence; le nombre de personnes qu'il confessait soit dans son église, soit dans les diverses communautés et pensionnats de sa paroisse, est incalculable. Pour savoir ce qu'il fut dans la direction des consciences, il faudrait le demander à ces âmes, orphelines maintenant, qui eurent le bonheur de goûter ses conseils et de respirer la foi vive, la confiance inaltérable dont il était pénétré. L'amour de Jésus et de Marie était son thème habituel. Dans les doutés et les perplexités, sa décision était toujours prompte et sûre. Aussi, combien de pécheurs il a relevés! Combien d'hommes sans religion, liés même par les sociétés secrètes, il a ramenés à Dieu!

Une vie si occupée, si pleine, avait fait peser sur M. Artru le poids des années. Pourtant, grâce à un secours particulier de la Providence, grâce aussi à une parfaite régularité de vie, son attitude et sa démarche, quoique voisines de la vieillesse, furent fermes jusqu'à la fin. Vingt-deux années passées dans des travaux absorbants pour l'esprit et pour le corps, le trouvèrent identique à lui-même ; souriant et libre de ses détermination, il garda d'une main sûre la direction de sa paroisse et de ses œuvres.

La plus grande part de la vie de M. Artru, — les pauvres, les malades, le confessionnal, — nous la connaissons. Mais une paroisse repose sur des institutions permanentes qui vivent sous l'œil et la direction du curé, et qui deviennent des foyers d'où la vie se déverse dans le corps tout entier. M. Artru le savait ; de là ses soins pour les œuvres, les associations et les confréries.

Dire que M. Artru avait une prédilection pour les écoles, que la surveillance des petits enfants lui était grandement à cœur, ne surprendra personne. A les visiter tous les mois, à seconder les efforts des maîtres, à favoriser les petites industries nécessaires pour l'émulation des classes, il était d'une exactitude rigoureuse. Sa peine, il ne l'épargnait pas, lui qui, pendant vingt-deux ans, se réserva le catéchisme des jeunes filles les moins avancées ; il connaissait la valeur des soins donnés à l'enfance. Un dimanche soir de l'hiver dernier, le bon pasteur, après une journée de durs labeurs, se rendait auprès des petites filles qu'il avait confiées au zèle et au dévouement de quelques personnes charitables ; le temps était affreux, l'heure de l'exercice de l'archiconfrérie était proche. « Qu'importe, il faut, disait-il, que je vois ce que deviennent mes pauvres petites filles. » Une de ses premières pensées en arrivant à la Croix-Rousse fut de faire prospérer l'association des Enfants de Marie, œuvre de préservation et de persévérance, à laquelle il attachait une importance capitale. Au reste, indiquer les diverses œuvres d'une paroisse, c'est énumérer les objets de sa sollicitude. L'école cléricale, la confrérie du Saint-Sacrement, celle de la Bonne-Mort, les jeunes gens, les veilleuses : son zèle ne négligeait rien. Une fois établies, les œuvres suivaient leur cours. Ennemi des nouveautés, il s'en rapportait à l'expérience du passé et craignait les empressements prématurés.

Au milieu de tant d'occupations et de sollicitudes, M. Artru resta toujours homme d'étude et de prière. Comme il savait ménager son temps, utiliser les instants les plus courts ! il vivait avec ses livres, les chérissait, revenait à eux comme à l'ami seul fidèle, seul digne de recevoir les secrets du cœur.

Des tristesses et des épreuves qu'il eut à subir à la Croix-Rousse,· inutile d'en parler. Elles furent peu nombreuses et puis, avec les principes qui dirigeaient sa vie, elles disparaissaient vite. Tout pour Dieu, tout pour le salut des âmes; avec de tels mobiles, les peines ne pesaient pas beaucoup sur son âme, ou au moins n'y laissaient pas de traces extérieures. Ainsi, au moment de la guerre et de ses tristes suites, quoique l'on sentît parfaitement le chagrin qui minait son cœur de prêtre, M. Artru conserva un calme et une sérénité inaltérables. Dieu consolait son serviteur en lui montrant, au milieu de faiblesses trop grandes et de défections trop nombreuses, un groupe d'âmes fidèles et dévouées capables de résister à tous les malheurs. Pendant plus de deux années, à Saint-Denis, à la Croix-Rousse, sous l'inspiration du curé, on récita le chapelet du matin au soir. Saintes prières de la foi et de la confiance; M. Artru n'hésitait pas à leur attribuer la préservation de sa chère paroisse.

A cette époque se rattache un fait peu connu et qui peint l'homme tout entier. C'était le triste jour où un enfant de Saint-Denis, le commandant Arnauld, fut lâchement fusillé sur le boulevard. M. Artru était descendu en ville pour assister à une réunion importante où devait se traiter la question des écoles catholiques. A peine la nouvelle des événements, portée par la rumeur publique, est-elle répandue à Lyon que M. Artru apparaît tout agité à la sacristie : « On m'a dit que le sang coulait à la Croix-Rousse. Est-ce vrai? Ma place est ici, j'ai laissé la réunion. » Est-ce l'amour du devoir? Est-ce le pasteur? Est-ce l'héroïsme chrétien?...

Dans ce cœur de prêtre, dans cette âme toute au bien, à la vertu, au dévouement, il y avait une énergie indomptable, une force invincible.

Cet homme modeste, ce prêtre humble, ce curé dé‥ ‥ e, il ne veut point de bruit et d'éclat, point d'ostentation. Les honneurs pendant sa vie sont venus le chercher, et l'on peut dire qu'ils ont troublé sa solitude. Loin de lui la pensée de se prévaloir des attentions dont il était l'objet. La décoration de la Légion d'honneur que l'Empereur lui donna en 1860 lui valut des montagnes de lettres ; si, en les lisant, un sourire de joie illuminait son regard, c'était un reflet du contentement de ses paroissiens. Pour lui personnellement, la chose lui était absolument indifférente. La moindre aubaine pour ses pauvres eût mieux fait son affaire. Bientôt, par son attitude, il eut étouffé le retentissement d'un honneur qu'il n'ambitionnait pas, qu'il redoutait même, pour ne pas se laisser détourner des règles qu'il s'était prescrites. Sa vie, sa gloire, sa couronne, c'était sa paroisse ; comme cette mère des temps anciens, il pouvait montrer ses enfants et dire : « Voilà ma parure, voilà mes joyaux. » Aux jours des grandes solennités, lorsqu'il entrait dans son église, précédé de ses enfants de l'école cléricale, de ses vicaires, eux aussi ses enfants, il jetait un regard rapide sur l'assemblée, son front était rayonnant, ses lèvres avaient un tremblement de joie et d'allégresse, et ses yeux pétillants disaient toute la joie de son âme. Et le peuple remplissant la vaste enceinte de l'église de Saint-Denis se sentait sous le regard et plus encore dans le cœur de son curé. Vraie famille, admirable union des âmes, consacrée sous l'œil de Dieu, doux foyer de paix et de charité que l'action de cet homme avait suscité au sein de la Crix-Rousse.

M. Artru rendait avec usure à sa famille spirituelle l'amour qu'elle lui donnait. Personne n'eût osé, lui présent, émettre la moindre critique et médire sur la Croix-Rousse.

La mort de M. Artru fut l'image de sa vie ; lui, si réservé d'ordinaire, était devenu plus communicatif. Depuis quelque temps, sans que rien fît prévoir une fin si prochaine, il avait dit à ses amis de se souvenir de lui après sa mort. Chaque année, il se préparait à mourir dans le mois de mai. C'était une idée arrêtée depuis longtemps dans son esprit ou plutôt un avertissement que lui envoyait la reine du ciel pour récompenser la fidélité de son serviteur.

La maladie qui le conduisit au tombeau se déclara le mardi 11 mai, au milieu de la retraite préparatoire à la première communion. Ce fut une douleur amère pour lui de ne pas participer à cette céré-

monie, si douce à son cœur de prêtre ; durant ces jours d'exil,
on lui vit souvent les larmes aux yeux. Hélas ! on espérait : l'affection de ses vicaires, le dévouement filial de son médecin ne
pressentait aucun danger et la paroisse croyait à une fatigue passa-
gère, à un mal guérissable. Le matin du jour de la Pentecôte,
M. Artru reçut la sainte Eucharistie. Quelle foi ! quelle humilité !
quelle délicatesse d'âme ! Le maître que le bon curé avait si bien
servi lui laissa, dans cette dernière visite, prélude des embrasse-
ments de la vie éternelle, une grande paix et une douce sérénité
d'âme. Cette journée du dimanche se passa sans accidents, mais aux
premières heures du lundi, des douleurs atroces se déclarent et ne
laissent plus de repos au pauvre malade. Le médecin, venu à la hâte,
en appelle à la puissance de Dieu : les sacrements, voilà le dernier
remède et pendant que d'affreuses tortures détruisent cette belle vie,
la grâce de la pénitence et l'extrême-onction ouvrent les portes de
l'éternité au bon pasteur, au saint curé.

Ce lundi de Pentecôte, 17 mai 1875, fut un jour de deuil pour la
Croix-Rousse. On prétendait en ville reconnaître les Croix-Roussiens
à leur air triste et sombre. Oui, ils pleuraient l'ami des pauvres, le
protecteur de l'enfance, le consolateur des malades : ils pleuraient
leur père. Jusqu'au jeudi suivant, le presbytère fut assiégé par la
foule qui se pressait religieusement autour de la couche funèbre du
bon curé de la Croix-Rousse. Le silence, le respect, l'attitude pieuse
de cette multitude témoignait de la profondeur de ses regrets.

Les funérailles de M. Artru ont fait surgir une admirable mani-
nifestation de foi et de reconnaissance. Le clergé de la ville vint en
grand nombre accompagner la dépouille mortelle de celui dont il
peut mieux que personne apprécier la vie et les œuvres. Mgr Callot,
évêque d'Oran, présida à la levée du corps, Mgr Thibaudier assista
à la messe et fit l'absoute solennelle ; le général Bourbaki prit place,
dans ce cortége funèbre, dernier hommage terrestre rendu au
saint prêtre, soldat de Jésus-Christ et de la religion. M. le préfet,
absent de Lyon, s'était fait représenter. Mais au-dessus de tous ces
honneurs, de tous ces témoignages d'estime et d'affection, le peuple
de la Croix-Rousse sut faire à son curé une couronne impérissable
de respect, de vénération et de gloire. C'était un tableau grandiose
et émouvant de voir cette fou'e compacte et dans les rues et aux fe-
nêtres ; son attitude recueillie, attristée et respectueuse ; et les lar-

mes qui mouillaient bien des yeux. Dans cette foule, si l'on prêtait l'oreille, on n'entendait que ces mots : « Il a bien mérité ces honneurs ! il donnait tout aux pauvres ! il n'a point d'ennemis ! il a passé en faisant le bien ! »

Paroissiens de Saint-Denis, enfants de Saint-Denis, cette mort a révélé le secret de vos cœurs : vous savez apprécier la vertu, vous savez honorer et chérir ceux qui vous aiment et se dévouent pour vous.

Il ne passera plus dans vos rues, ce saint curé, avec son aimable sourire et sa démarche paternelle ! Les enfants chercheront en vain ce bon père qui aimait tant à les caresser ! Les mères de famille n'entendront plus les paroles de foi et de résignation qu'il savait prodiguer à toutes ! L'homme du peuple, l'ouvrier railleur et oublieux de la religion ne verra plus ce saint prêtre lui rendre le salut de la paix et de la charité. Ah la paix, c'était toute la science, toute la vie du curé de la Croix-Rousse. M. Artru fut à la lettre un homme de Dieu, l'homme pacifique auquel le ciel est promis, ses œuvres resteront, sa mémoire sera bénie, ses exemples et ses enseignements porteront des fruits de salut.

O bon père ! avant de nous quitter, vous nous demandiez un souvenir devant Dieu ; à notre tour nous vous disons : Ne nous oubliez pas ; du haut du ciel où vos œuvres ont dû vous mériter une si belle place, soyez encore notre père et priez pour nous !

J. M. J.

LYON. - IMPRIMERIE PITRAT AÎNÉ, RUE GENTIL, 4

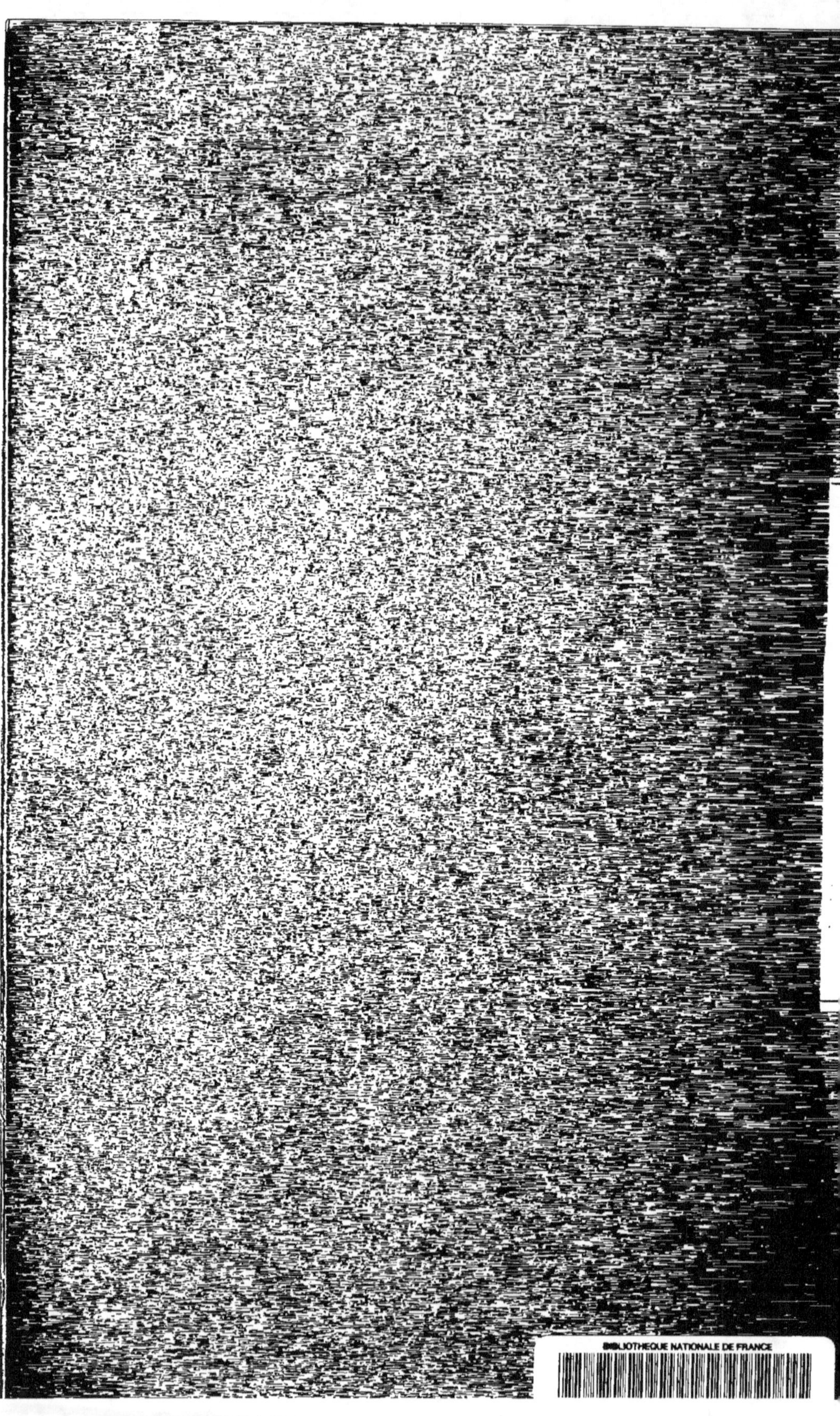

www.ingramcontent.com/pod-product-compliance
Lightning Source LLC
Chambersburg PA
CBHW061711050726
47598CB00004B/1770